말랑말랑 클레이와 이야기 칠교

조지연, 김혜린, 황경선 지음 | 조은혜 클레이아트

예술놀이터

말랑말랑 클레이와 이야기 칠교

1판 2쇄 2021년 6월 1일

지은이	조지연, 김혜린, 황경선
클레이아트	조은혜
사진	박성준
편집 디자인	장지윤
영상 출연	조지연, 김혜린
성우	김혜린, 조지연, 노병갑, 지다흰
영상 촬영	박성준, 노수민
영상 편집	박성준, 노수민, 노정민
협력 연구	진성숙, 박진성
녹음	레코딩스튜디오 통인
인쇄	㈜두경

펴낸이	노병갑
펴낸곳	(주)예술놀이터
출판등록	2012년 4월 1일(제 319-2012-28호)
주소	서울시 동작구 남부순환로269가길 19 (사당동)
전화	02-3473-1244
팩스	02-6280-1266
웹사이트	artplay.co.kr / storytangram.co.kr / speedtangram.com
전자우편	artplayzone@gmail.com

ISBN   979-11-88481-19-4 73620

말랑말랑 클레이와 이야기 칠교

조지연, 김혜린, 황경선 지음 | 조은혜 클레이아트

예술놀이터

C O N T E N S

1장

칠교 첫걸음

2장

수수께끼 칠교

3장
노래 칠교

4장
이야기 칠교

이야기 칠교
작품 영상 보는 방법

①

바로 영상 시청!

본문에 있는 QR코드를 찍고
아래의 시리얼 넘버를 입력하면 핸드폰에
서 바로바로 영상을 볼 수 있습니다.

②

영상 평생 소장!

영상을 다운 받아
보관 후 이용하세요.

aqua7224

※ 회원가입을 하시면 시리얼 넘버는 1회만 입력하면 됩니다.
※ 영상 시청 및 다운은 첫 접속 후 1년 동안만 가능합니다. 미리 영상 파일을 다운 받아 놓으세요.
※ 모든 영상 파일은 저작권 보호를 받습니다.

1장

칠교 첫걸음

칠교에 대해 알아봐요

1
Q 칠교가 뭐예요?
A 정사각형을 조각낸 7개의 다각형으로 모양을 만드는 놀이에요.

7개의 조각은 직각 삼각형 큰 것 2개, 중간 것 1개, 작은 것 2개 등 삼각형 5개와 정사각형 1개, 평행 사변형 1개로 구성되어 있어요. 이 7개 조각으로 인물, 동물, 식물, 건축물, 지형, 글자, 숫자······ 등 헤아릴 수 없을 만큼 많은 모양을 만들 수 있어요.

2
Q 칠교는 누가 만들었어요?
A 누군가가 어느 날 뚝딱 만든 것이 아니에요.

수천 년에 걸쳐 여러 문명권에서 수많은 도형 놀이가 만들어졌죠. 그것들이 서로 영향을 주고받으면서 오늘날까지 전해 내려왔어요. 그중에서도 전 세계에 가장 널리 알려진 도형 놀이가 바로 칠교예요.

아르키메데스의 상자

T자 퍼즐

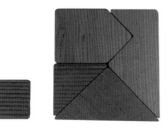
피타고라스의 사각형

3 **Q** 칠교가 수천 년 전에 중국에서 만들어졌다는데, 사실인가요?
A 아니요. 언제, 어디서, 누가 만들었는지 몰라요.

이런 주장은 『탄의 여덟 번째 책(The 8th Book of Tan, Sam Loyd, 1908)』에서 비롯된 것으로 보여요. 칠교를 전 세계에 알리는 데 크게 이바지한 책인데, 여기에 중국의 탄(Tan)이라는 신이 4,000여 년 전에 칠교를 발명했다는 구절이 있어요. 물론 사실이 아니죠. 칠교를 설명하기 위해 지어낸 이야기일 뿐이에요.
그런데 이 이야기가 전 세계로 퍼져나가서 수천 년 전에 중국에서 칠교가 발명됐다는 설이 된 거죠.

칠교가 언제, 어디서 시작됐는지는 아무도 몰라요. 어떤 사람은 천 년 이상 됐다고 하고, 어떤 사람은 이백여 년 전에 만들어졌다고 해요. 하지만 칠교가 중국에서부터 세계로 퍼져나갔다는 것은 확실한 사실이에요.
1803년에 중국에서 발간된 『칠교도합벽七巧圖合璧』이라는 책이 칠교가 전 세계에 퍼지는 데 결정적인 역할을 했어요.

4 **Q** 탱그램(Tangram)이 뭐예요?
A 칠교의 영어 이름이에요.

『칠교도합벽七巧圖合璧』 책이 1815년경에 무역선을 타고 미국과 유럽으로 전해져서 선풍적인 인기를 끌었어요. 이때 칠교를 탱그램(Tangram)으로 번역했던 거예요. 탱그램이라는 말이 당나라를 뜻하는 'Tang'에서 비롯됐다는 설이 널리 알려져 있는데 확실한 근거가 있는 것은 아니에요.

1822년 베를린차이퉁 신문의 칠교 광고

칠교가 유럽에서 얼마나 커다란 인기를 얻었는지는 옆의 광고를 보면 단박에 알 수 있어요. 1822년에 베를린신문에 실린 광고인데, '교육적 효과와 놀이 효과가 동시에 있는 크리스마스 선물'이라는 광고예요.

혹시 나폴레옹이 칠교를 즐겼다는 거 아세요?
나폴레옹이 세인트헬레나섬에 갇혔을 때 칠교를 하면서 많은 시간을 보냈다고 해요.

이렇게 세계로 퍼져나간 칠교는 전 세계 누구나, 어디서나 즐기는 놀이가 됐어요.

칠교를 즐겼던 나폴레옹

5

Q 이야기 칠교가 뭐예요?

A 칠교로 모양을 만들면서 수수께끼를 내고, 노래를 부르고, 이야기를 들려줘요.
이것을 '이야기 칠교'라고 해요.

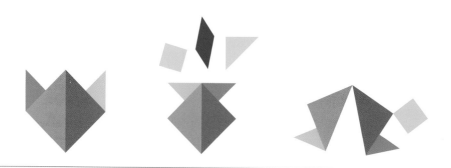

어떤 이야기일까요? 상상의 날개를 펼쳐 보세요.

칠교에 그림을 그려 넣었어요. 어떤 이야기일까요?

클레이로 칠교를 꾸몄어요. 더욱 생생하고 박진감 넘치는 이야기가 됐네요.

- 본문 중 「도깨비 항아리」에서 -

6

Q 이야기 칠교가 왜 좋은가요?

A 창의력과 표현력을 길러 주고 도형 추론 지능을 계발해 줘요.

① 칠교에 대한 흥미와 관심을 불러일으킵니다. 칠교놀이는 수백 년 동안 인기를 누려온 최고의 '스테디셀러' 인데 요즘 아이들은 재미없어해요. 낡은 것, 지루한 것으로 생각해요. 그래서 만든 것이 이야기 칠교입니다. 이 야기는 시대를 넘어서 누구나 좋아하니까요.

② 창의력과 표현력을 길러 줍니다. 앞의 「도깨비 항아리」에서 칠교로 만든 단순한 도형들이 상상력을 불러 일으키고, 이야기를 만들어 내고, 클레이 작품이 돼요. 이야기 칠교가 창의력과 표현력을 길러 준다는 것을 알 수 있지요.

③ 도형 추론 능력을 길러 줍니다. 도형 추론 능력이 지능 중에 매우 중요한 요소이며 학습 능력과 상관관계가 크다는 것은 증명된 사실이에요. 그래서 멘사 테스트는 주로 도형 추론 지능을 평가하지요.

칠교놀이는 도형 추론 능력을 길러 주는 놀이예요. 그렇기 때문에 초등학교의 수학 교과서에도 실렸지요. 칠교 가 두뇌 계발이나 도형 교육에 효과가 크다는 것은 수백 년에 걸쳐 증명된 사실이에요.

7

Q 칠교 이름을 알아봐요.

A 직각 삼각형, 정사각형, 평행 사변형 모양에 따라 이름을 붙였어요.

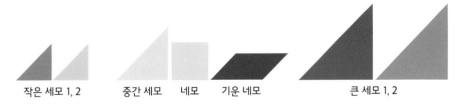

작은 세모 1, 2 　　중간 세모 　　네모 　　기운 네모 　　　　큰 세모 1, 2

① 작은 세모 1, 2

칠교 조각 중에서 가장 작은 조각이에요. 두 개의 넓이와 생김새는 똑같아요.

② 중간 세모, 네모, 기운 네모

기운 네모는 칠교 조각의 평행 사변형에 붙인 이름이에요. 평행 사변형이나 평행 사변형의

순우리말인 '나란히꼴'이라는 이름이 있지만 다른 조각들의 이름과 어울리지 않아서

새 이름을 붙였어요. 이야기 칠교에서 사용하는 이름이죠.

중간 세모, 네모, 기운 네모는 생김새는 다르지만, 넓이는 똑같아요.

작은 세모 2개를 올려보면 넓이가 같다는 걸 단박에 알 수 있죠.

③ 큰 세모 1, 2

칠교 조각 중에서 가장 큰 조각이에요. 둘은 생김새랑 넓이가 똑같아요.

큰 세모의 넓이는 작은 세모의 4배, 중간 세모의 2배죠.

큰 세모 위에 다른 칠교 조각들을 올려보면 알 수 있어요.

칠교네 가족사진 찍는 날

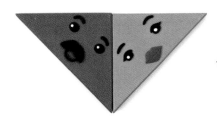

오늘은 칠교네 가족사진 찍는 날!
큰 세모 엄마 아빠가 머리를 맞대고
다정히 앉았어요.

매일 투닥투닥 싸우는 쌍둥이 **작은 세모**.
오늘도 투닥거리다 "흥!"하며 등을 맞대고
고개를 획 돌려요.

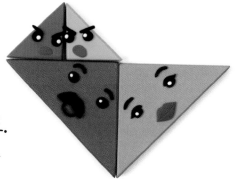

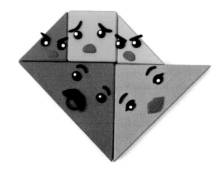

"휴. 그만 좀 싸워라.
너넨 붙어 있으면 안 되겠다."
반듯한 **네모**가 쌍둥이 세모 사이에
끼어 앉아요.

믿음직한 **중간 세모,**
맨 뒤에 서서 동생들 어깨에 손을 올려요.

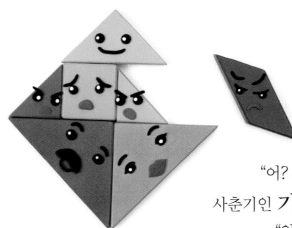

"어? 자리가 비었는데. 저기 빈자리는 누구죠?"
사춘기인 **기운 네모**는 사진 찍기 싫어 느릿느릿 걸어와요.
"앉을 수도 없는데 어떻게 앉으라는 거야."
구시렁구시렁……
"학생, 몸을 기울여서 앉아 주세요."
기운 네모는 **몸을 기울여 삐딱하게** 앉았어요.

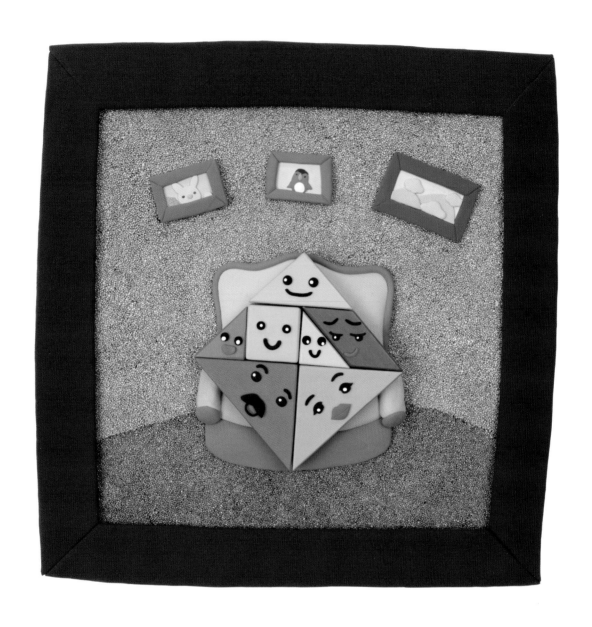

"자 이제 다 모였으니 사진 찍습니다.
칠교네 가족 웃으세요.
스마~일! 찰칵!"

2장
수수께끼 칠교

무엇이 될까? 세모

세모, 세모, 무엇이 될까? ♬♪

아이, 냄새! 도깨비 팬티!

야호! 백두산!

신난다! 미끄럼틀!

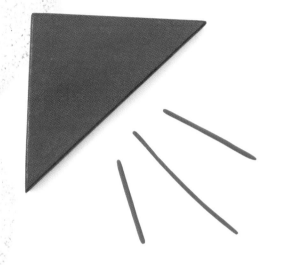

아, 시원해! **수박!**

슈웅! **비행기!**

으, 햇빛! **모자!**

다시 돌아와! **부메랑!**

무엇이든 변신하는 **세모!**
세모는, 세모는 변신 로봇!

너도 해봐!

무엇이 될까? 네모

네모, 네모, 무엇이 될까? 🎵♪

딩동! 버튼!

쏙싹쏙싹! 지우개!

바삭바삭! 비스킷!

째깍째깍째깍!
손목시계!

높이높이 날아라!
가오리연!

푹신푹신 푹신해!
방석!

반짝반짝 예쁘다!
반지!

무엇이든 변신하는 **네모!**
네모는, 네모는 변신 로봇!

너도 해봐!

무엇이 될까? 기운 네모

기운 네모, 기운 네모, 무엇이 될까? ♬♪

후~! 촛불!

뿌뿌! 출발합니다!

씽~! KTX!

위이잉! 청소기!

주인님, 어디로 모셔다 드릴까요?
슈웅~! **양탄자!**

빱빱! 나 어때?
립스틱!

오늘 셔츠에 이게 딱이네!
넥타이!

가자! 출발!
쌩쌩보드!

무엇이든 변신하는 **기운 네모!**
기운 네모, 기운 네모 변신 로봇!

너도 해봐!

나는 여우!

내가 누군지 맞혀봐! ♫♪

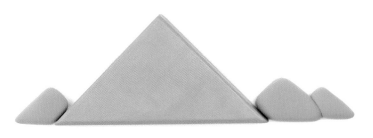

나는 높은 **산**을 잘 타.
누구게?

꼬리는 북슬북슬해.
누굴까?

턱선은 갸름하고 **귀**는 쫑긋해.
이젠 누군지 알겠어?

아직도 모르겠다고?

나는
여우지롱~!

나는 거북이!

내가 누군지 맞혀봐! 🎵♪

난 **물고기**처럼 수영을 잘해.
누구게?

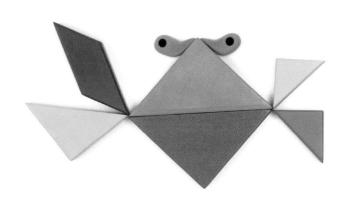

꽃게처럼 육지와 바다를
자유롭게 다녀.
누굴까?

아이 깜짝이야!
난 놀라면 **몸속**으로 팔다리를 숨겨.
이젠 누군지 알겠어?

딱딱한 **등껍질**에
짧은 다리와 **민머리**.
아직도 모르겠다고?

난 엉금엉금 **거북이**야!

나는 달팽이!

내가 누군지 맞혀봐! ♫♪

난 **풀숲**에 살아.
누구게?

내가 지나간 곳엔 항상 **흔적**이 남아.
누굴까?

머리엔 **뿔**도 있어.
이젠 누군지 알겠어?

난 커다란 **집**을 이고 다녀.
아직도 모르겠다고?

난 느릿느릿 **달팽이**야!

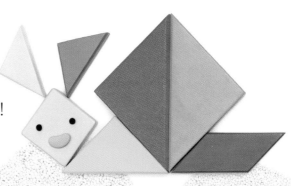

나는 로켓!

내가 누군지 맞혀봐! ♫♪

난 강철보다 단단하고
무거운 **몸**을 가지고 있어.
누구게?

산꼭대기보다 더 높이,
눈 깜짝할 사이에 올라가지.
누굴까?

내가 높이높이
올라갈 수 있는 것은
이 **날개** 때문이야.
이젠 누군지 알겠어?

달나라까지도 문제없지.
아직도 모르겠다고?

난 우주로 날아가는 **로켓**이야!
나랑 달나라에 갈래?
3! 2! 1! 구구구구 슝~!

나는 고양이!

내가누군지 맞혀봐! 🎵🎵

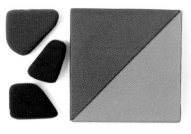 

나는 **담** 넘기 선수야.
누구게?

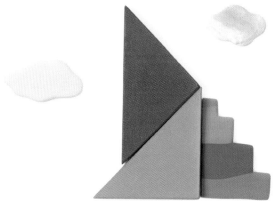

높은 곳에 올라가
툭! 떨어져도 끄떡없어.
누굴까?

다 **앞발**과 **꼬리** 덕분이지.
이젠 누군지 알겠어?

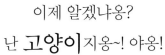

사람들은 나를 보고
가끔 **나비**라고 부르기도 해.
아직도 모르겠다고?

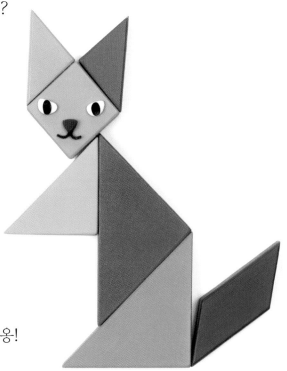

이제 알겠냐옹?
난 **고양이**지옹~! 야옹!

나는 야자수!

내가 누군지 맞혀봐! 🎵♪

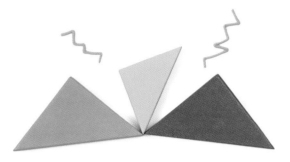

내 **머리**는 삐죽! 삐죽! 삐죽!
언제나 부스스해! 누구게?

내 **얼굴**엔 대롱대롱 혹이 달려있어.
누굴까?

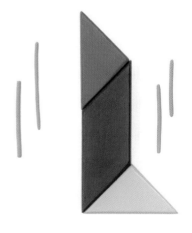

내 **다리**는 쭉! 쭉! 쭉~!
길게 뻗어있지.
아직도 모르겠다고?

부스스한 머리에
코코넛을 달고 있는 키 큰 나!
그래. 난 **야자수**야!

나는 헬리콥터!

내가 누군지 맞혀봐! ♬♪

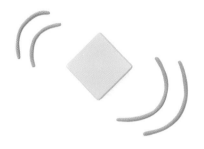

나는 **돌리기** 선수야.
누구게?

머리도 돌리고,

긴 꼬리도 빙글빙글 돌리지.
그렇지만 하나도 어지럽지 않아.
누굴까?

돌다 보면 어느새

내 크고 무거운 **몸은** 하늘에 둥둥 뜨지.
아직도 모르겠다고?

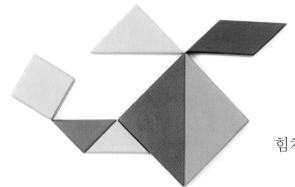

힘차게 날개를 돌리며 하늘을 누비는 나!
난 **헬리콥터**야!

나는 허수아비!

내가누군지! 맞혀봐! ♫♪

나는 1년에 한 번씩 옷을 바꿔 입어.
반팔 옷을 입을 때도 있고,

긴팔 옷을 입을 때도 있어.
누구게?

또 **바지**를 입을 때도 있고,

치마를 입을 때도 있지.
누굴까?

앗! 잠깐!
그래도 **모자**는 꼭 챙기려고 해.
이젠 누군지 알겠어?

멋지게 옷을 차려입고
온종일 **양팔** 벌려

우뚝 서 있는 나!
아직도 모르겠다고?

난 가을 들판에 누더기
허수아비야!

칠교가 된 색종이

화살표를 보고 색종이를 접어 주세요. 접힌 선을 따라 가위로 잘라 주세요.

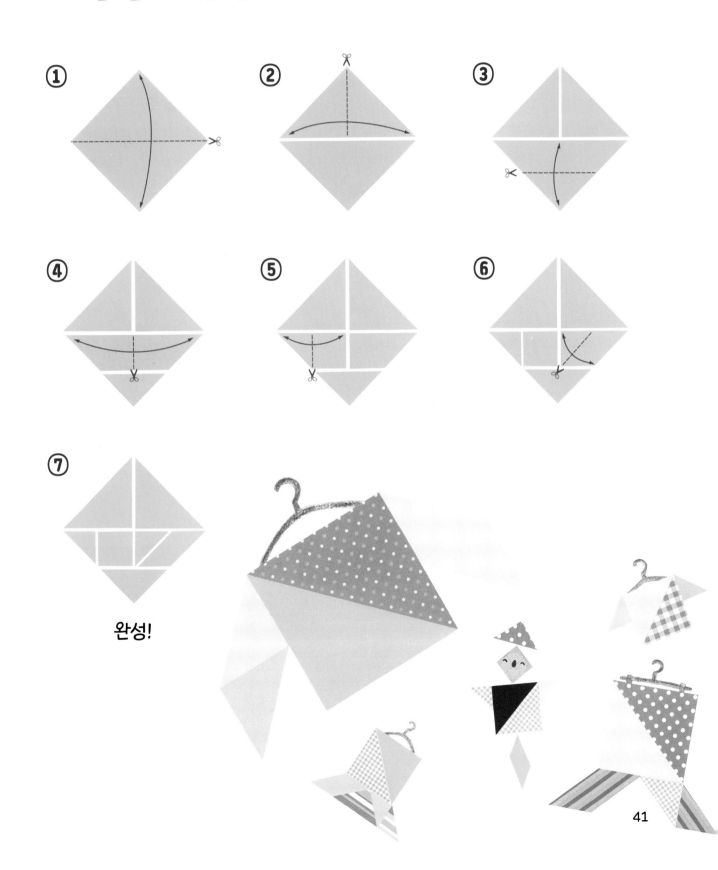

완성!

누가 초콜릿을 많이 먹었을까?

별이네 삼 남매는 초콜릿을 아주아주 좋아해요.
엄마가 기다란 초콜릿 하나를 주셨어요.

막내가 없는 틈에 첫째랑 둘째가
초콜릿을 반으로 툭! 쪼개서
나눠 가졌어요.

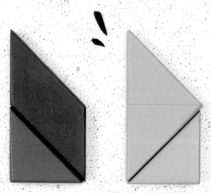

"내 거는?"
밖에서 돌아온 막내가 초콜릿을 보고 물었어요.
첫째가 **초콜릿을 톡! 떼서** 막내한테 줬어요.
둘째도 **초콜릿을 톡! 떼서** 막내한테 줬어요.

"어때? 똑같지?"
"모양이 다른데 왜 똑같아?
　내 거가 젤 작아!"

첫째 거　　　둘째 거　　　막내 거

 문제 초콜릿 3개의 크기는 정말 같을까요?
　　　　같다는 걸 어떻게 보여줄 수 있을까요?

첫째가 자기 초콜릿 위에 **막내의 초콜릿 2개를 올렸어요.**
"봐! 똑같지?"

"음……, 둘째 누나 거는 내 거보다 커."
둘째가 자기 초콜릿 위에 **막내 초콜릿 2개를 올렸어요.**
"봐! 똑같지?"
"응~!"

별이네 삼 남매는 초콜릿을
똑같이 나눠 먹었어요.

집을 짓자 뚝딱뚝딱! _{수수께끼}

어느 날 태풍이 불어 동물들의 집이 휘리릭~ 다 날아가 버렸어요.

"으앙~!"
다람쥐가 울고 있는데 토끼가 와서 말했어요.
"울지 마. 우리 같이 살 집을 짓자."
"**집**을 짓자! **집**을 짓자! 뚝딱뚝딱!"
다람쥐와 토끼는 나뭇조각 2개를 모아 뚝딱뚝딱 새로 집을 지었어요.

문제 **2조각을 이용해 집을 만드세요.**

원숭이가 찾아왔어요.
"나도 집이 날아갔어."
"그럼, **넓은 집**을 짓자."
"집을 짓자! 집을 짓자! 뚝딱뚝딱!"

문제 **3조각을 이용해 집을 만드세요.**

돼지가 찾아왔어요.
"나도 집이 날아갔어."
"그럼, **큰 집**을 짓자."
"집을 짓자! 집을 짓자! 뚝딱뚝딱!"

문제 **4조각을 이용해 집을 만드세요.**

하마가 찾아왔어요.
"나도 집이 날아갔어."
"그럼, **더 넓은 집**을 짓자."
"집을 짓자! 집을 짓자! 뚝딱뚝딱!"

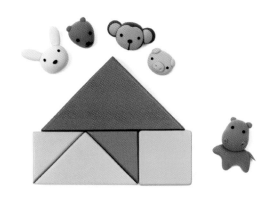

5조각을 이용해 집을 만드세요.

말이 찾아왔어요.
"나도 집이 날아갔어."
"그럼, **더 높은 집**을 짓자."
"집을 짓자! 집을 짓자! 뚝딱뚝딱!"

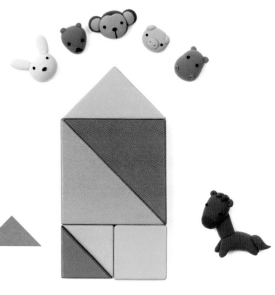

6조각을 이용해 집을 만드세요.

와, 드디어 완성!
모두 손뼉을 치며 기뻐하는데 목이 기-다란,
키다리 기린이 찾아왔어요.
"나도 집이 날아갔어."
"아! 좋은 생각이 떠올랐어!"
"집을 짓자! 집을 짓자! 뚝딱뚝딱!"
그렇게 숲속의 동물 친구들은 함께 살게 되었대요.

7조각을 이용해 집을 만드세요.

3장

노래 칠교

바윗돌 깨트려

바윗돌

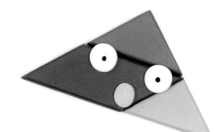
깨트려 **돌덩이**

돌덩이 깨트려 **돌멩이**

돌멩이 깨트려 **자갈돌**

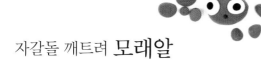
자갈돌 깨트려 **모래알**

랄라 랄라라 랄라라 랄라 랄라라 랄라라 ♫♪

모래알 모여서

자갈돌

자갈돌 모여서

돌멩이

돌멩이 모여서

돌덩이

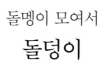
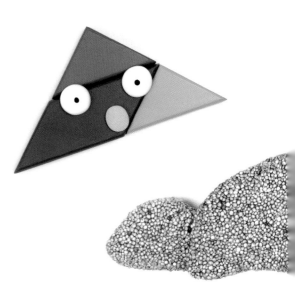

돌덩이 모여서

바윗돌

랄라 랄라라 **랄라라** 랄라 **랄라라** 랄라라 🎵♪

50

클레이로 눈, 코, 입을 만드니 귀여운 친구들이 와글와글

클레이로 다양한 표정을 만들어 칠교 위에 올려보세요.
칠교가 와글와글 살아나요!

씨앗

씨! 씨! **씨**를 뿌리고

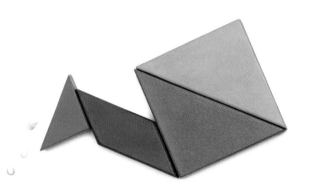

꼭! 꼭! **물**을 주었죠.

하룻밤! 이틀 밤!
쉿! 쉿! 쉿!

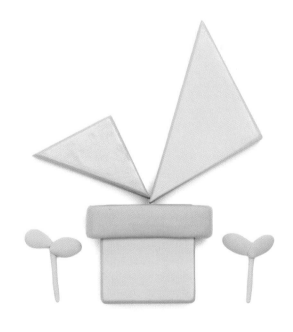

뽀드득! 뽀드득! 뽀드득!
싹이 났어요.

싹! 싹! **싹**이 났어요.

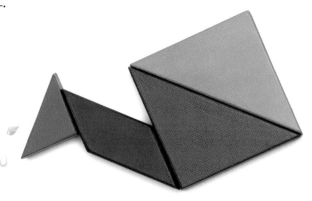

또! 또! **물**을 주었죠.

하룻밤, 이틀 밤!
어! 어! 어!

뾰로롱! 뾰로롱! 뾰로롱!
꽃이 폈어요!

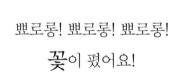

칠교 화석

칠교를 꾹 눌러서 화석을 만들어봐요.

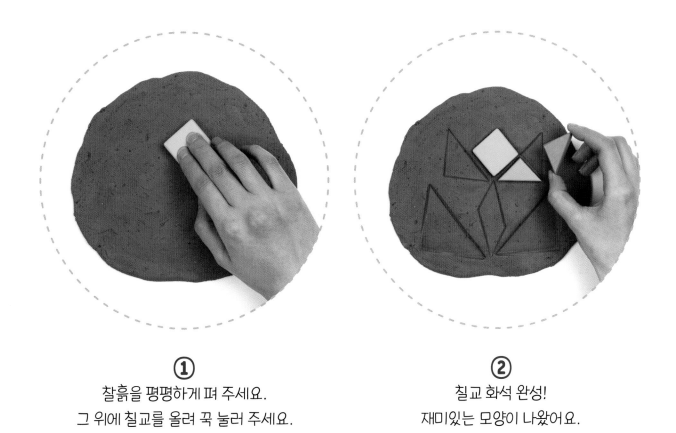

①
찰흙을 평평하게 펴 주세요.
그 위에 칠교를 올려 꾹 눌러 주세요.

②
칠교 화석 완성!
재미있는 모양이 나왔어요.

작은 주전자

나는 작고 뚱뚱한 **주전자**

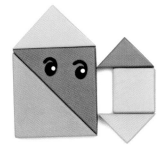

손잡이 있고

주둥이 있죠.

보글보글 물이 끓으면

쭉 기울여 따라 주세요.

나는 크고 홀쭉한
주전자

손잡이 있고

주둥이 있죠.

보글보글 물이 끓으면

쭉 기울여 따라 주세요.

냠냠 칠교

칠교로 맛있는 케이크를 만들어요.

① 칠교 빵 위에

② 생크림을 올리고

③ 초코빵을 올리고

④ 생크림을 더 올려

⑤ 딸기 놓고

⑥ 빵을 덮으면

⑦ 칠교 케이크 완성!

냠냠냠냠!

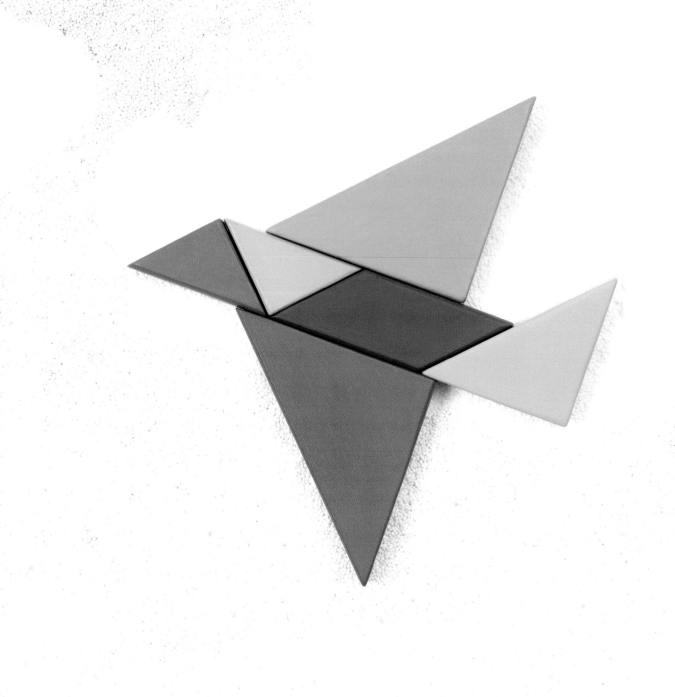

비행기

떴다! 떴다! **비행기**
날아라! 날아라!

높이 높이 날아라!

우리 **비행기!** 짠!

집을 짓자 뚝딱뚝딱! 노래

어느 날 태풍이 불어 동물들의 집이 휘리릭~, 다 날아가 버렸어요.
생쥐 가족이 새로 집을 지어요.

집을 짓자! 집을 짓자!

네모.

뚝딱! 뚝딱!

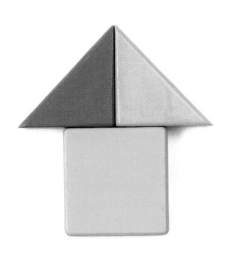

집을 짓자! 집을 짓자!

작은 세모.

뚝딱! 뚝딱!

집을 짓자! 집을 짓자!

중간 세모.

뚝딱! 뚝딱!

집을 짓자! 집을 짓자!

기운 네모.

뚝딱! 뚝딱!

집을 짓자! 집을 짓자!

큰 세모.

뚝딱! 뚝딱!

집을 짓자! 집을 짓자!

칠교 집!

뚜~욱~딱!

나비야

나비야. 나비야.
이리 날아 오너라.

노랑나비 흰나비
춤을 추며 오너라.

봄바람에 **꽃잎**도
방긋방긋 웃으며

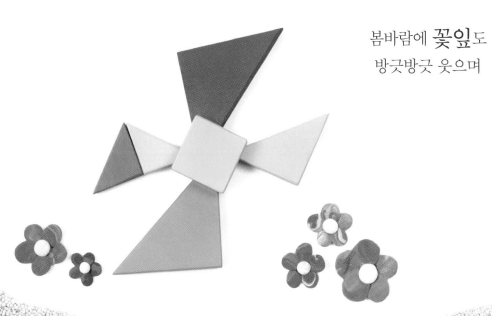

참새도 짹짹짹.

"나비야. 나비야. 어디에 있니?"

"봄바람이 살랑살랑,
꽃잎도 한들한들,
그 사이로 팔랑팔랑 **나비**가 짜–잔!"

노래하며 춤춘다.

칠교 도장 꾹!

물감을 묻혀 칠교 도장을 찍으면 나비가 짜잔~!
칠교 도장으로 무엇이든 만들 수 있어요.

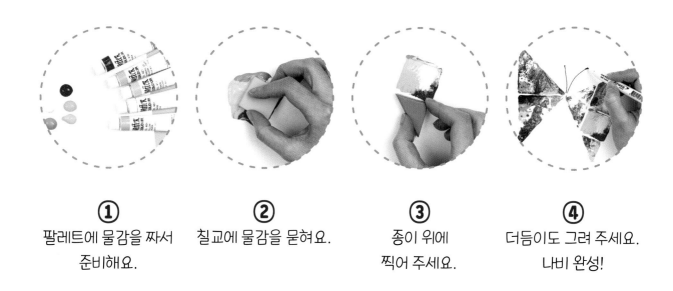

① 팔레트에 물감을 짜서 준비해요.

② 칠교에 물감을 묻혀요.

③ 종이 위에 찍어 주세요.

④ 더듬이도 그려 주세요. 나비 완성!

옹달샘

깊은 산속 **옹달샘**
누가 와서 먹나요?

맑고 맑은 **옹달샘**
누가 와서 먹나요?

새벽에 **토끼**가

눈 비비고 **일어나**
세수하러 왔다가

물만 먹고 가지요.
꿀-꺽!

산도깨비

달빛 어스름 한밤중에

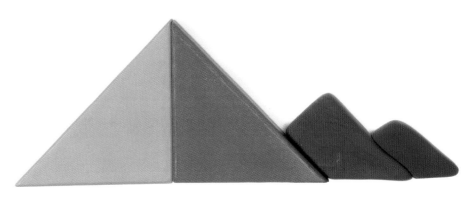

깊은 **산길** 걸어가다

머리에 뿔 달린 **도깨비**가

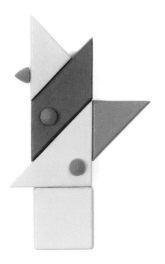

방망이 들고서 에루화 둥둥.

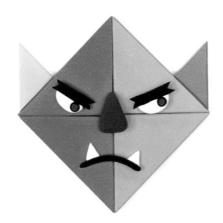

깜짝 놀라 바라보니 틀림없는 **산도깨비**.

에고야, 정말 큰일 났네!
두 눈을 꼭 감고 에루화 둥둥!

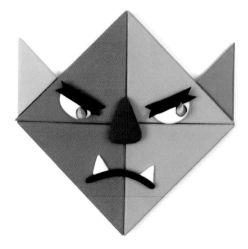

저 **산도깨비** 날 잡아갈까?
가슴소리는 콩닥콩닥.

걸음아, 날 살려라!
꽁지 빠지게 **도망갔네!**

4장

이야기 칠교

세모 이야기

세모 나라에 **세모 하나, 세모 둘.**
꼭 닮은 쌍둥이 세모.

업으면 **하나**가 되고,

등을 맞대면 더 **큰 세모**가 되고,

꺼안으면 **네모**가 되는 쌍둥이 세모.
쌍둥이 세모는 날마다 변신 놀이를 해요.
"오늘은 무엇으로 변신할까?"

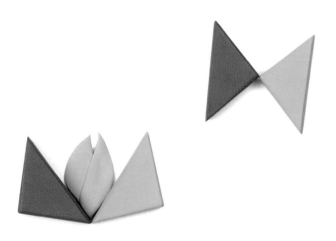

튤립이 돼서 꽃을 활짝 피웠다가
그 위로 팔랑팔랑 날아가는 **나비**로 변신!

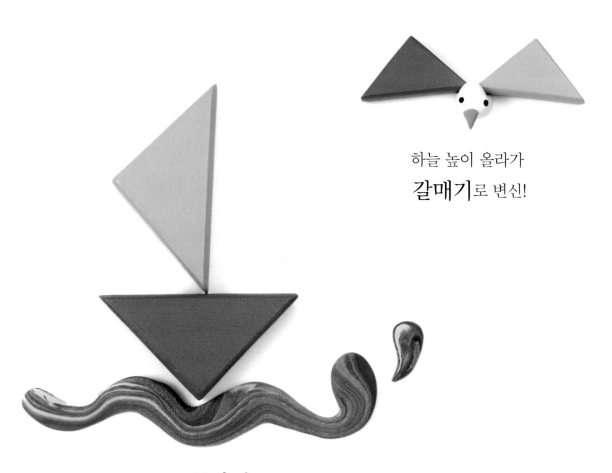

하늘 높이 올라가
갈매기로 변신!

바다로 날아가 **돛단배**로 변신!

풍덩!
바닷속 **물고기**로 변신!
이리저리 바닷속을 여행해요.

"앗! 돌아갈 시간이다!"

모래시계의 모래가 다 떨어지면

쌍둥이 세모는 집으로 돌아와
꼬-옥 껴안고 잠이 든답니다.

"쌍둥이 세모, 잘 자."

강아지 생일파티

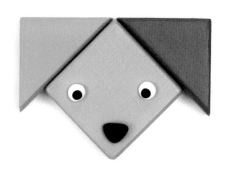

오늘은 **강아지** 생일날!
"멍멍! 멍멍!"

강아지는 **집**에
친구들을 초대했어요.

"띵동!"

커다란 두 귀, **토끼**가 도착했어요.
"깡충깡충. 생일 축하해!"

"띵동!"
나폴나폴 세모 날개, **나비**가 도착했어요.
"생일 축하해!"

"띵동!"
뾰족한 두 귀, **고양이**가 도착했어요.
"야-옹. 생일 축하해"

생일 케이크에 **촛불**을 켜고 노래해요.
"생일 축하합니다."
"후~!"

친구들은 강아지에게
커다란 **상자**를 선물했어요.
무엇이 들어 있을까요?

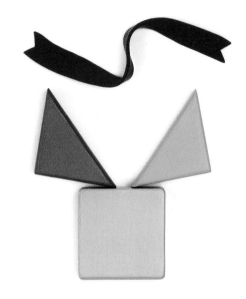

두둥!

강아지가 제일 좋아하는
커다란 **왕 뼈다귀**네요!
"고마워 친구들아. 멍멍! 멍멍!"

크니크니 마술사 vs 작작 마술사

크니크니 마술사와 작작 마술사 중 세계 최고의 마술사는 과연 누구일까요?

나, 크니크니 마술사가 세계 최고입니다. 작은 걸 크게 만드니까요.

작은 꽃을 크게 만들어 보겠습니다.
크니, 크니, 크니, 크니 커져라!

큰 꽃으로 펑!

이번엔 **작은 접시**를 크게!
크니, 크니, 크니, 크니 커져라!

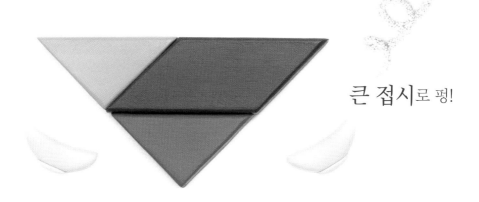

큰 접시로 펑!

작은 배를 크게!
크니, 크니, 크니, 크니 커져라!

큰 배로 펑!

작은 상자를 더 높게!
크니, 크니, 크니, 크니 커져라!

긴 상자로 펑!
어떤가요?
나, 크니크니 마술사가
세계 최고 아니겠습니까?
하하하하!

호호호호!

크게 만드는 것보다 작게 만드는 게 더 어렵다는 걸 모르는가?

나, 작작 마술사를 보시오!

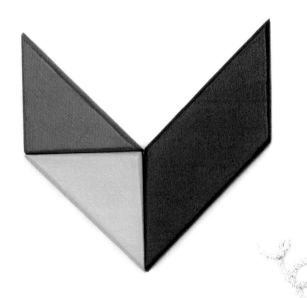

큰 꽃을 작게!
작작, 작작, 작작, 작작 작아져라!

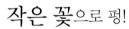

작은 꽃으로 펑!

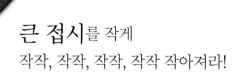

큰 접시를 작게
작작, 작작, 작작, 작작 작아져라!

작은 접시로 펑!

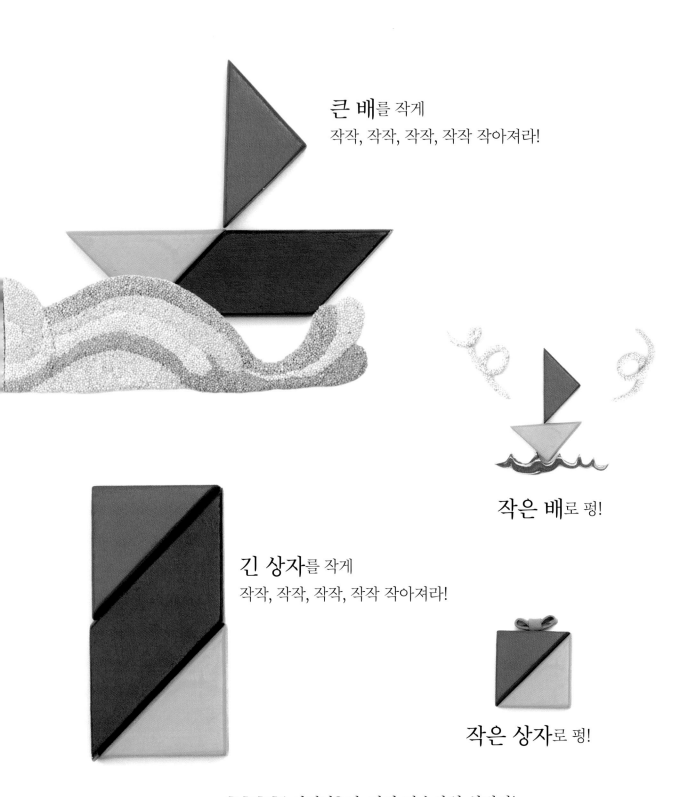

큰 배를 작게
작작, 작작, 작작, 작작 작아져라!

작은 배로 펑!

긴 상자를 작게
작작, 작작, 작작, 작작 작아져라!

작은 상자로 펑!

호호호호! 어떠냐? 나, 작작 마술사의 실력이!
아니야! 크게 만드는 게 더 대단해!
무슨 소리? 작게 만드는 게 더 대단해!

오늘도 결국 세계 최고의 마술사를 가리지 못하고 마술 대결이 끝나고 말았습니다.

세상에 칠교 다 모여!

세상에는 수많은 종류의 칠교들이 있어요.

7개 조각이지만 정사각형이 아닌 칠교들

5조각, 6조각⋯⋯ 모양도, 개수도 다른 여러 가지 칠교들

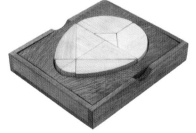  

지금, 이 순간에도
세계 어디에선가
새로운 칠교가
만들어지고 있어요.

친구가 생겼어요

저 **산** 너머, 너머, 너머, 너머······

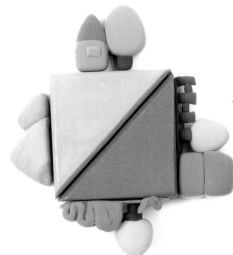

작은 마을에 사는 아이는
친구가 없어서 심심했어.

그래서 매일 **연**을 띄우면서 놀았지.

연은 바람을 타고

담벼락을 올라,

지붕 위로 올라,

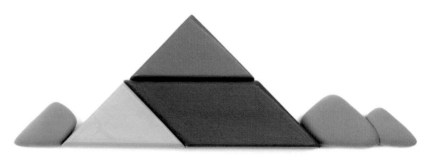

산꼭대기보다 높이,
높이, 높이, 높이 올라가더니

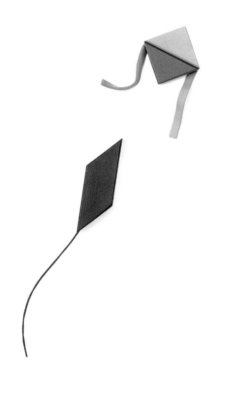

연에 달린 **연줄이 툭 끊어져**
멀리 날아가 버렸어.
"으앙~!"

그때 **새**가 휘~ 날아가더니

연을 물고 돌아왔어.
이제 아이에게 친구가 생겼어.

새와 함께 **연**을 띄우며
매일매일 즐겁게 놀았대.

93

아기 물고기

작은 몸통, 작은 꼬리, **아기 물고기**가
숨바꼭질을 해요.

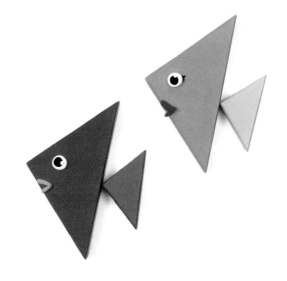

큰 몸통, 작은 꼬리, **엄마 아빠 물고기**가
여기저기 찾으러 다녀요.
"도대체 어디 숨었지?"

그때 긴 몸통, 세모 꼬리,
지나가던 고등어 아저씨가
소곤소곤 알려 줬어요.

"저기 **바위 뒤, 해초 잎 사이**에 있어요."
엄마 아빠 물고기가 해초 앞에서 모른 척 말했어요.
"못 찾겠다 꾀꼬리. 춤추면서 나와라!"

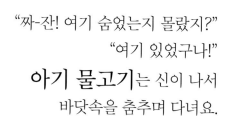

"짜-잔! 여기 숨었는지 몰랐지?"
"여기 있었구나!"
아기 물고기는 신이 나서
바닷속을 춤추며 다녀요.

이번엔 어디로
숨었을까요?

우리 주변의 칠교

칠교는 우리 생활 곳곳에 사용돼요.

장신구나 생활용품의 디자인에 사용되기도 해요.

건물 디자인에도 사용돼요.

베트남 다낭의 소년궁전

대한민국 김포공항역 벽면

일본 히로시마역 입구

공주님의 왕관

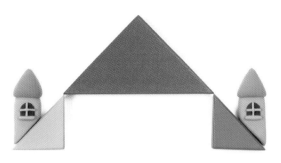

하하! 하하! **하하** 성에

언제나 웃는 **하하 공주.**
공주님 때문에 하하 성은
웃음이 끊이질 않았어.

어느 날,
삿갓을 쓴 노인이 나타나서 예언했어.
"쯧쯧쯧. 공주가 열여섯 살이 되면
웃음을 잃게 될 것이요."

일 년, 이 년, 삼 년…….
시간이 흘러
공주의 열여섯 번째 생일파티.

공주의 **왕관**이
감쪽같이 사라졌어.

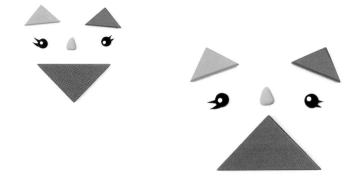

그러자 하하 공주의 **얼굴**에서
웃음이 싹 사라졌어.

다른 **왕관**을 드렸지만, 소용이 없었어.
하하 성에도 웃음이 싹 사라지고 말았지.

땡땡땡! **종**이 울리고
하하 성 사람들이 다 모였을 때 왕이 발표했어.

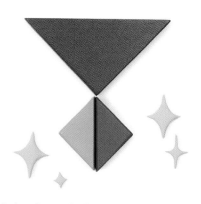

"왕관을 찾은 사람에게 이 세상에서
가장 현명한 사람만 받을 수 있는 **메달**을 주겠노라."
하지만 아무도 왕관을 찾지 못했지.

그러던 어느 날,
이웃 나라에서
배 한 척이 들어 오더니

듬직한 **사내**가
껑충 내렸어.

그는 공주의 생일파티장에 있던
한 **테이블**을 번쩍 들어
휙 뒤집었지.

세상에나!
테이블 밑에 공주의 **왕관**이 있었던 거야.

무표정한 공주가
하하! 하하! 웃었어.

그래서 어떻게 됐겠어?
공주는 **사랑**도 찾게 되었지.

수탉의 발소리

쉿! 이른 새벽 어느 집 **마당**에

부스럭! 부스럭부스럭!
누군가의 **발**소리……
혹시 도둑?

문틈 사이로 슬며시 보니
짧고 부스스한 **꼬리**……
혹시 여우?

창문에 다가가
자세히 보니

뾰족하고 날카로운
발톱……
혹시 늑대?

아이코야! 털썩 주저앉아 다시 보니
"꼬끼오~! 꼬꼬꼬꼬꼬꼬……"
아침을 밝히는 **수탉**의 발소리였네요.

내 마음의 보석 상자

난 괜히 이유 없이 심술이 나는 날이 있어.

뭐든지 **거꾸로** 하고 싶고,
삐딱, 삐딱, 삐딱하게 행동하고 싶고,
누워서 잠만 자고 싶은,

뾰족, 뾰족 날카로운 **마음**으로
가득 찬 날.

그럴 땐,
내 마음 깊은 곳에
보석 상자를 꺼내서 열어봐.
그 안에 뭐가 있는 줄 알아?

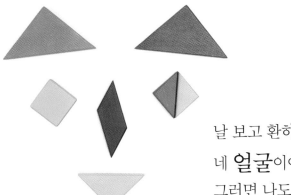

날 보고 환하게 웃고 있는
네 **얼굴**이야.
그러면 나도 따라 웃게 되지.

알라딘의 요술램프

알라딘의 요술램프가 생기면 무슨 소원을 빌고 싶어?

"나는 철썩! 철썩!
파도 소리가 들리는
캘리포니아 **해변에 멋진 집**을 지어 달라고 할래."

"나는 집보다 더, 더 큰 **그릇**에
음식을 가득 담아 달라고 할래."

"나는 예쁜 **보석함**에
반짝반짝 빛나는 예쁜 보석을
가득 담아 달라고 할래."

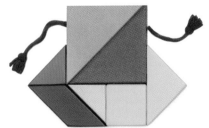

"그럼 난……
가족들이랑 함께 나눌 수 있는
복을 **복주머니**에
가득가득 담아 달라고 할래."

자! 이제 너도 소원을 빌어봐!
요술램프에 어떤 소원을 빌고 싶니?

할미꽃 이야기

딸 하나, 딸 둘, 딸 셋을
사랑으로 키우신 어머니.

딸들을 모두 시집보내고
외롭게 늙어간 **어머니**는

허리가 구부러져 지팡이를 짚고 다니는
할머니가 되었어요.

"저 **산** 너머에 있는 내 딸들을
죽기 전에 한 번이라도 보고 싶구나!"

산을 **한 고개** 넘어 찾아간 첫째 딸은
"우리 집엔 잘 곳이 없어요.",

산을 **두 고개** 넘어 찾아간 둘째 딸은
"우리 집엔 쌀이 없어요.",

산을 **세 고개** 넘어
셋째 딸을 찾아가는데

딸네 집은 나오지 않고 **또 고개만 나오네요.**

다리가 후들후들 떨리지만,
할머니는 지팡이를 짚고 힘겹게
고개를 올랐어요.

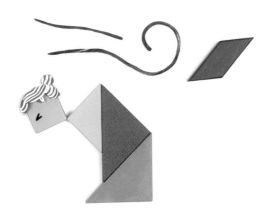

비바람이 쏴~ 하고 내리자
몸을 웅크리고 비가
멈추기를 기다렸죠.

그때 찬 바람이 쌩~하고 불어오자
지팡이가 휘리릭~ 날아갔어요.

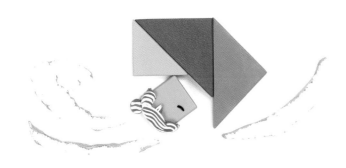

비바람이 점점 더 거세지더니
매서운 눈보라로 변했어요.
더는 버티지 못한 할머니는
털썩 주저앉더니
결국 돌아가시게 되었어요.

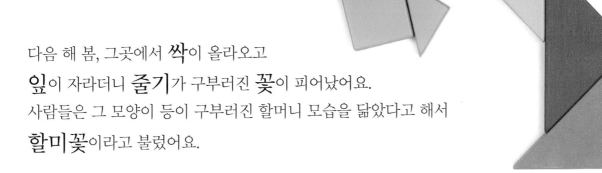

다음 해 봄, 그곳에서 **싹**이 올라오고
잎이 자라더니 **줄기**가 구부러진 **꽃**이 피어났어요.
사람들은 그 모양이 등이 구부러진 할머니 모습을 닮았다고 해서
할미꽃이라고 불렀어요.

도깨비 항아리

뾰족뾰족한 얼굴, 뾰족뾰족한 귀,

뾰족뾰족 **도깨비**가

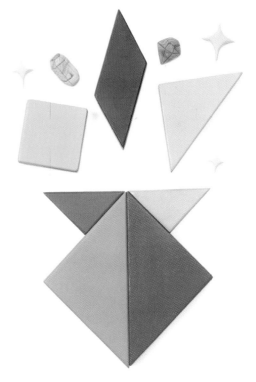

도깨비 **항아리**에

"금 나와라, **뚝딱!**",

"은 나와라, **뚝딱!**",

보물을 가득가득 담아서 숨겨놨어요.

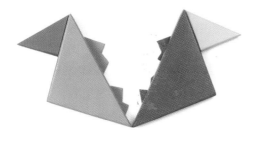

그런데 어느 날 보물들이

감쪽같이 사라지고 도깨비 항아리는

쩌-적 깨져 있었어요.

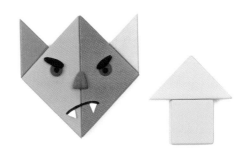

화가 난 **도깨비**는

사람들이 사는 **집**으로 내려가

113

커다란 **발**로 쾅! 쾅! 쾅쾅쾅쾅쾅······!
땅을 구르니

지붕이 휘리리리릭,
담벼락이 와르르르르 무너져 버렸어요.
이러다가 세상 사람들이 다 죽게 생겼지 뭐예요.

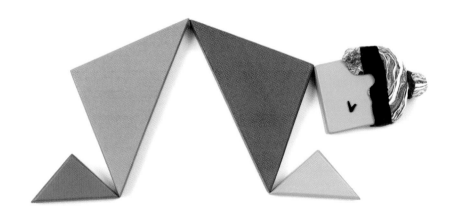

그걸 본 박 씨 할아버지가 도깨비에게 얼른 가서 **무릎을 꿇고** 빌었어요.
"도깨비님. 도깨비님. 제가 훔쳤어요. 제발 저한테 벌을 주세요."
사람들을 살리기 위해서 자기가 훔쳤다고 거짓말을 한 거예요.

그걸 안 뾰족뾰족한 얼굴, 뾰족뾰족한 귀, 뾰족뾰족 **도깨비**가
하하하하하! 웃으면서
"금 나와라, **뚝딱!** 은 나와라, **뚝딱!**",

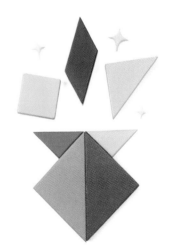

도깨비 **항아리**에 보물을 가득가득 담아서
박씨 할아버지에게 줬어요.

그리고 뾰족뾰족 도깨비는
쿵쿵쿵! 소리와 함께 마을을 떠났답니다.

우주선을 타고 온
남극 펭귄과 북극곰

지구별 제일 끝에 크고 작은 **빙산**들로
가득한 **남극**, 알지?

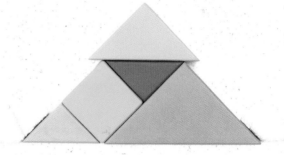

어느 날, 그 남극 하늘에
퓨웅! 퓨웅! 퓨웅~!
무언가 나타났다 사라지고
나타났다 사라지는 거야.

자세히 보니 커다란 **우주선**이 두둥!
얼음 위에 착 내려앉았지.

우주선에서
위잉~ 철컥! 위잉~ 철컥! 위잉~ 철컥!
다리가 펼쳐졌어.

그리고 **펭귄**이 짜잔!
"오늘부터 내가 살 곳은 여기다. 뒤뚱!"

그런데 남극 반대편에도
높고 낮은 **빙산**들로 가득한 곳이 있어.
그래, **북극**이야.

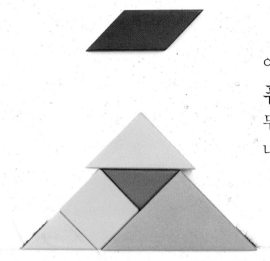

어느 날, 북극 하늘에도
퓨웅! 퓨웅! 퓨웅~!
무언가 나타났다 사라지고
나타났다 사라지는 거야.

자세히 보니 남극에 나타난
바로 그 **우주선**!
우주선이 얼음 위에 착 내려앉았지.

문이 열리고 다리가 내려오더니,
그 우주선에서 누가 나온 줄 알아?
펭귄? 아니.
작은 **얼굴**에 굵직한 **목**,
몸집은 큰데 하얀 털로 덮여있지.
엉덩이도 무지하게 커.
근데 팔과 **다리**는 짧은 **북극곰**이 짜잔!
"오늘부터 내가 살 곳은 여기다. 쿵쿵!"

알렉산더 대왕의 말

쭉 뻗은 늘씬한 **세모 허리**에 두꺼운 **네모 목덜미**,
잘생긴 **얼굴** 가운데에는 흰색 별이 있고,
꼬리를 찰랑거리며 아주 굵고 튼튼한 **다리**로
"따각! 따각!" 걸어가는 검은 말이 있어.
너무나 사나워서 아무도 길들일 수 없다는 전설의 말,
부케팔로스.

"히잉! 히잉!"
부케팔로스가 갑자기 **달리기** 시작하는 거야.
사람들을 향해서.
어떡해?!

부케팔로스는 사람들 머리 위로
앞발을 높이 치켜들었어.
"으악! 사람 살려!"

이때 어린 소년이 말한테 다가가서
고삐를 잡아끌더니,
튼튼하고, 육중한 부케팔로스를
반대 방향으로 향하게 했어.
말이 자기 그림자를 보고 놀랐던 것인데
그림자를 못 보게 돌려세웠던 거지.

그러고는 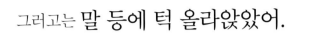 **말 등에 턱 올라앉았어.**

부케팔로스는 양처럼 아주 순해졌어.
당시 열두 살이었던 이 소년이 바로
마케도니아 제국을 만든
정복왕 **알렉산더 대왕**이야.

토 선생 찾아라!

깊고 깊은 남해 바닷속에 **용왕**이 병이 났는데
백약이 무효로구나!

어의가 아뢰기를
"용왕님의 병은 오로지 땅에 사는
토끼 간을 드셔야만 나을 수 있사옵니다."
하여 용왕이 신하들을 불러 놓고 묻는다.

"토끼의 간을 누가 찾아올 텐가? **물고기** 어사가 다녀올 텐가?"
"사람들이 저를 보자마자 잡아서 생선구이를 해 먹을 것입니다."

"그럼, **오징어** 대신이 다녀올 텐가?"
"저를 말려 마른안주로 삼을 것입니다."

"그렇다면……, **꽃게** 대신이 다녀올 텐가?"
"저는 옆으로만 걸으니 도저히 토끼를
찾을 수가 없습니다."

그때여, **몸통**은 철갑처럼 단단하고
바다와 육지를 자유롭게 다니는 **네 발**과
유연한 **목**을 가진 **자라** 대신이 썩 나서더니,
"제가 다녀오겠습니다!"
"정녕 자라 대신이 다녀오겠단 말인가?"
"근데 토끼는 어떻게 생겼는지요?"

용왕이 이르기를,
"뒷발과 허벅지가 크고
짧은 **앞발**에 **머리**에 큰 **귀**가 달려있느니라."
하여 자라 대신이 **토끼**를 찾으러 용궁을 나선 것이었다!

왕별을 딴 자라!

그믐밤이 되어서야 육지에 도착한 **자라**,

들판에 쫑긋 솟은 저것은 토끼의 **두 귀**렸다!
"똑똑! 혹시 토 선생이오?
숨지 말고 어서 나와보시오."

에라 모르겠다, 토끼의 두 귀를 잡고
힘껏 뽑으니, 에구머니, **당근**이로구나!
"아니, 어느 누가 내 당근밭에서 도둑질인고?"

자라가 고개를 들었더니, 아니 이것이야말로
'두 귀는 쫑긋 꼬리는 짤록' **토 선생**이렸다.
"혹시…… 토 선생?"
"에휴, 당신도 내 간을 찾으러 왔소?
난 간을 숨겨놓고 다닌다고 그렇게 일렀는데 쯧쯧쯧…….
간보다 더 신통방통한 약을 알려드리리다.

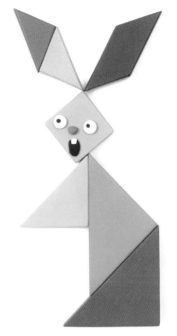

저 **산** 보이시오?
저 산을 **넘고, 넘고,**
또 넘다 보면

하늘까지 올라가는 계단이 보일 것이오.
그 계단을 오르고, 오르고, 또 오르다 보면
반짝이는 별이 나올 것이오.
그것을 따서 용왕님에게 가져다 주시오."

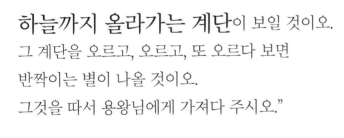

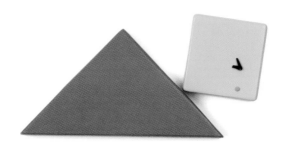

그 말을 들은 **자라**, 계단을 오르고 올라 별 중에서도 가장 큰 왕별을 향해 힘껏 뛰었겄다!
"아이고, 자라 살려!"
데굴데굴 덱데굴! 계단 아래로 굴러굴러, 굴러떨어지다 그만 정신을 잃고 말았더라.

한참 만에 깨서 좌우를 둘러보는데 가만, 가만, 한 손에 꼭 쥐고 있는 이것은
뾰족! 뾰족! 뾰족! 왕별이로구나!

용왕이 이 별을 끓여 먹고 병이 싹 나았겄다!
먹고 버린 이 별 껍데기가 죽지 않고 널리 널리 바닷속에 퍼지니 이것을 두고
불가사리라 했다 하더라!

일곱 조각 칠교 퍼즐

칠교로 만드는 일곱 조각 퍼즐.
칠교 위에 쓱쓱 그림을 그려서 나만의 칠교 퍼즐을 만들어 볼까요.

①

칠교 위에 연필로
스케치를 합니다.

②

네임펜이나 색연필,
아크릴물감 등을 이용해
색칠해 주세요.

③

칠교 퍼즐 완성!

견우와 직녀

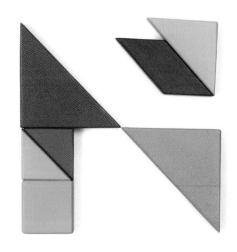

큰 **베틀**에 앉아 **베**를 쓱싹 쓱싹
부지런히 짜는 직녀.

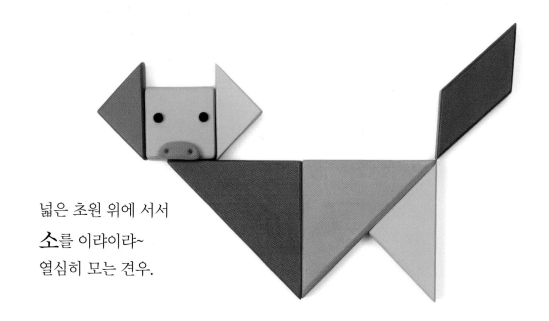

넓은 초원 위에 서서
소를 이랴이랴~
열심히 모는 견우.

두 사람은 첫눈에 뿅~하고 반해 버렸어요.

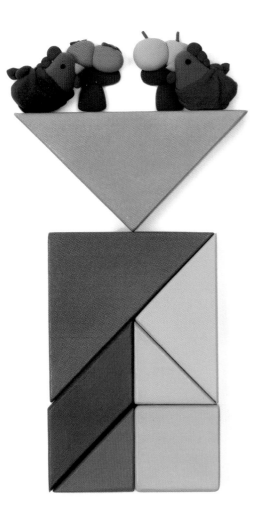

"딴따딴 딴딴~!"

초례상에 맛있는 음식을 담고

"딴따딴 딴딴~!"

화촉에 불을 밝히며
결혼식을 치릅니다.

"신부 직녀 입장!"

"신랑 견우 입장!"

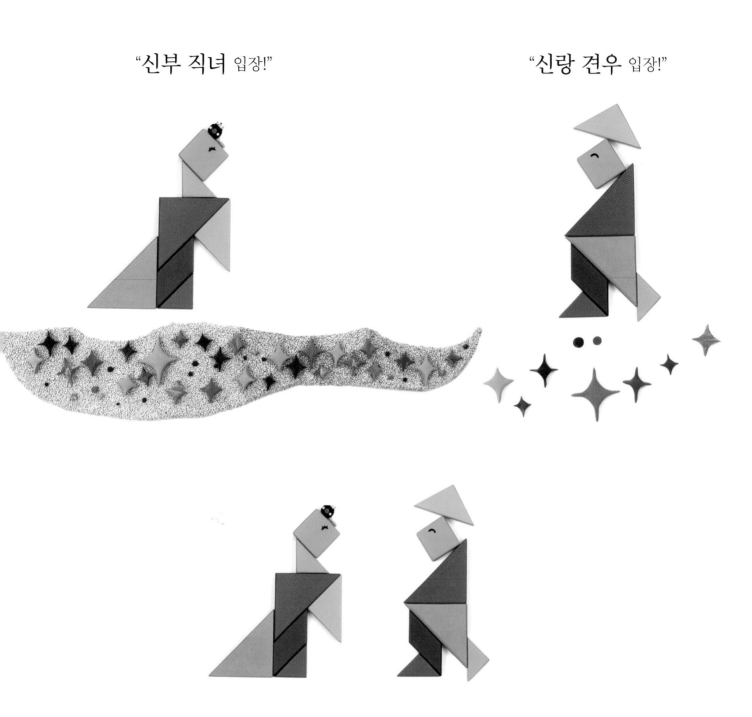

"신랑 신부 맞절!"

두 사람은 행복한 시간을 보냈어요.
그런데 일은 안 하고 매일매일 놀기만 했대요.

화가 난 옥황상제가 두 사람을 떼어 놓았어요.

견우는 **견우성**에, 직녀는 **직녀성**에.
그리고 음력 칠월 칠일에만 만날 수 있게 허락해 주었지요.

그러나 음력 칠월 칠일이 되어도
은하수에 가로막혀 만날 수가 없었어요.

큰 배를 둥둥 띄웠지만,
거센 물길에 막혀 만날 수가 없었어요.

산으로 돌아가 보려 했지만,
끝없이 이어지는 산들에 막혀 더는 갈 수가 없었어요.

햇님과 달님도 도와주려 했지만, 뾰족한 수가 없었어요.

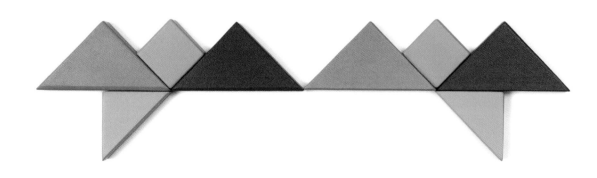

그 소식을 듣고 까치와 까마귀들이 모여 회의를 하기 시작했어요.
"우리가 **긴 다리**를 만들어 주자."

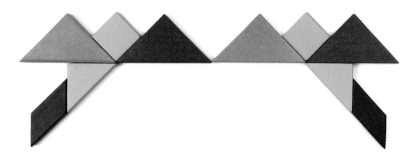

"그래. 튼튼하고 **높은 다리**를 만들어 주자."

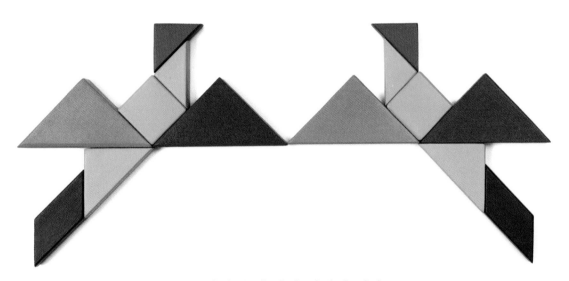

드디어 음력 칠월 칠일이 되자,
까치와 까마귀가 까맣게 모여들어 은하수를 건너는 다리를 만들었어요.
"견우 씨!"
"직녀 공주!"

그 후로 매해 칠월 칠일이 되면 까치와 까마귀가 이어준 **오작교 다리**에서
두 사람은 만날 수 있게 되었대요.

예술놀이터의 **이야기놀이** 시리즈를 만나보세요.

시리즈1. 실 하나로 펼치는 이야기 세상! **이야기 실뜨기**

스토리텔링과 손조작 놀이가 결합된 실뜨기!

실뜨기에다 이야기를 입힌다면 더 재미있지 않을까?
그래서 실뜨기 동작과 모양에 딱 맞는 이야기를 만들었어요.
그랬더니 실뜨기가 새로운 놀이로 탄생!

동화 구연, 주의 집중, 손조작 놀이 등 무궁무진한 활용!

아이들을 위한 동화 구연, 주의집중, 손조작 놀이, 이야기 창작 등
이야기실뜨기의 활용과 효과는 무궁무진해요!

이야기실뜨기 50개 작품 동영상 제공!

책만 보고 실뜨기를 하는 것은 정말 어렵죠. 이제부터는 모바일로 영상을 바로바로 보면서 실뜨기를 즐겨요!

시리즈2. **재잘재잘, 이야기 손그림** (노래로, 수수께끼로, 이야기로)

세상에, 그림 그리기가 이렇게 재밌어?

노래로, 수수께끼로, 이야기로 그림을 그려요.
절로 탄성이 나오는 상상과 반전의 그림 그리기!

누구나 손그림 작가가 될 수 있다!

아이가 그림 그려달라고 하면 막막하세요? 주저하고 있나요?
이야기 손그림으로 곰손인 엄마 아빠도 손그림 작가가 될 수 있어요.
아이도 그림 그리기에 푹 빠질 거예요!

이야기 손그림 149개 작품 동영상 제공!

애니메이션을 보듯이 이야기 손그림을 감상해봐요.
쓱쓱 싹싹 저절로 그림이 그려질 거예요!